सूरज का रूमाल

लेखन: तरुण चेरियन

चित्रांकन: अजंता गुहाठाकुरता

अनुवाद एवं संपादन: सुभद्रा मालवी

चिल्ड्रन्स बुक ट्रस्ट, नई दिल्ली

एक बार सूरज को ज़ुकाम हो गया। हुआ यूं कि एक दिन बारिश हो रही थी और सूरज बिना गमबूट पहने ही बाहर निकल पड़ा। पानी भरे गड्ढों में वह छप-छप करता चलता गया जिससे उसके पैर काफ़ी भीग गए।

अच्छे बच्चे की तरह वापस लौट आने के बजाए वह आगे बढ़ता ही गया। थोड़ी ही देर में उसके कपड़े भी भीग गए और उसका बदन तरबतर हो गया। लेकिन क्या फिर भी वह अच्छे बच्चे की तरह वापस लौट आया? नहीं, वह नहीं लौटा। वह तो आगे-ही-आगे झरनों और पहाड़ियों पर से उछलता-कूदता हरे-भरे मैदानों को पार क़रता चला गया।

उसे अब ठंड लगने लगी और
नाक में **सुरसुरी** महसूस हुई।

कंपकंपी होने लगी और...

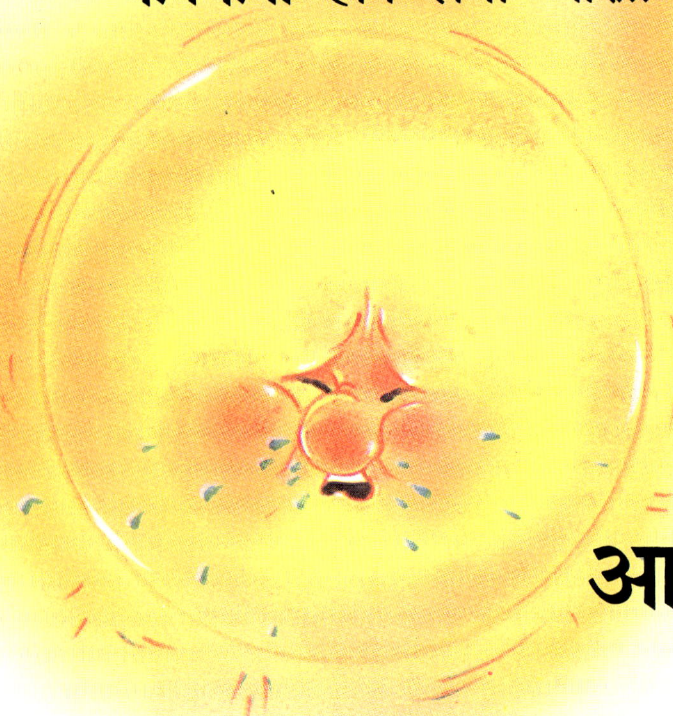

आक् छींऽऽऽ!

वह जब भी छींकता बिजली चमकने लगती और बादलों की गरज सुनाई देती। वह छींकता रहा जब तक उसका मुंह लाल नहीं हो गया।

धरती मां ने उसे गरम पानी की बोतल दी और रज़ाई उढ़ाकर बिस्तर में सुला दिया। मगर कोई फ़ायदा नहीं हुआ। वह सपने में भी छींकता ही रहा।

जब इन सबसे भी आराम नहीं आया, तो धरती मां ने अपनी बहन फूलरानी को बुलाया। फूलरानी ने गुलाब, सूरजमुखी के फूल, बटन फूल, नीले घंटी फूल और तरह-तरह के फूलों की मुस्कान लेकर, उसमें तुलसी और जड़ी-बूटी मिलाकर दवा बनाई और सूरज को गरम-गरम पिला दी।

फूलरानी ने सूरज के लिए एक रूमाल भी
बनाया जिसमें उसने नींद में सिर डुलाते
बैंगनी रंग के बनफ़शा के फूलों की सुंदरता,
आसमान के नीले रंग से
हलका नीला रंग, गुनगुनाते
झरनों के किनारे उगी लंबी
घास का हरा रंग, बांस और
मधुमक्खी का पीला रंग, सागर

पर छिटका सूर्यास्त का नारंगी रंग और गरमियों में जंगलों में फलनेवाले बेरों का लाल रंग मिलाया।

ये सतरंगी रूमाल फूलरानी ने सूरज को दे दिया। जल्दी ही सूरज का जुकाम ठीक होने लगा। और सुबह तक तो बहुत कम हो गया। सुबह सूरज फूलरानी का दिया सतरंगी रूमाल लेकर बाहर आया, शायद ज़रूरत पड़ जाए। रोशनी में रूमाल चमकने लगा और एक नन्हीं लड़की जो लगातार बारिश से ऊब गई थी बोली, "यह तो इंद्रधनुष है जिसने बरखा रानी के बाल बांध रखे हैं।"

मगर हम और तुम तो जानते हैं न, कि यह इंद्रधनुष नहीं है! यह तो **सूरज का सतरंगी रूमाल है!**

नीला! जैसे खुला आकाश है
सागर का नीला पानी है
मोर के सुंदर पंख हैं
और पेड़ पर बैठे पंछी हैं।

पीला! जैसे चमचमाता सूरज है
पका आम और केला है
सब्ज़ियों में नींबू है
और सूरजमुखी का फूल है।

लाल! जैसे फलों में सेब है
खुशबूदार फूल गुलाब है
चेरी और लाल टमाटर है
और मेरी नाक पर फुंसी है।

हरा! जैसे हरी-हरी ये घास है
मीठे-मीठे मटर हैं
पालक और बंदगोभी हैं
और पेड़ के हरे-हरे पत्ते हैं।

काला! जैसे मेरी ये काली आँखें हैं
लंबे-घुंघराले बाल हैं
रात का काला आसमान है
और बारिश के घने बादल हैं।

भूरा! जैसे यह मेरा चेहरा है
घुटनों पर लगा ये कीचड़ है
चीकू और आलू भूरे हैं
और पेड़ों की छाल है।

सफेद! जैसे चमेली के फूल हैं
दादीजी के बाल हैं
ये दीवार और ठंडी-ठंडी बर्फ है
और हर कागज़ का पन्ना है।

नारंगी! जैसे वह ढलता सूरज है
बड़ा-बड़ा, गोल-गोल कद्दू है
फलों में जैसे संतरा है
और गेंदे का फूल है।

और भी देखो कितने हैं रंग
बैंगनी, स्लेटी, जामुनी, गुलाबी
भर देते हैं मन में
जो इतनी उमंग!

एक दिन रंग और ब्रॅश लेकर
मैं भी बैठूंगी
और जिसमें जी चाहेगा
मैं उसमें रंग भरूंगी।